XVIII
LA LUNA

KLEINE ORAKELKUNDE

TAROT

und was er bedeutet

David V. Barrett

FLECHSIG VERLAG WÜRZBURG

EIN DORLING KINDERSLEY-BUCH

Senior Editor • Sharon Lucas
Art Editor • Anna Benjamin
Managing Editor • Krystyna Mayer
Managing Art Editor • Derek Coombes
DTP Designer • Cressida Joyce
Production Controller • Sarah Fuller

Sonderausgabe für Flechsig-Buchvertrieb

Printed in Germany
ISBN 3-88189-169-2

INHALT

TAROT
EINE EINFÜHRUNG

DER TAROT IST WELTWEIT DIE WOHL BELIEBTESTE ART DER WEISSAGUNG. ES GIBT VIELE VERSCHIEDENE TAROTBLÄTTER, SO DASS JEDER INTERESSIERTE MINDESTENS EINES FINDEN DÜRFTE, DAS IHM ZUSAGT.

Der Tarot verdankt seine Beliebtheit einer Vielzahl von Gründen – einerseits ist es eine Freude, die ausgesprochen schönen Karten in der Hand zu halten und zu betrachten, andererseits fühlen sich viele von ihnen intensiv angesprochen, und schließlich erhält man durch den Tarot bemerkenswert klare, aussagekräftige Prognosen.

Bis auf wenige Ausnahmen besteht ein Tarotblatt aus 78 Karten: den Großen Arkana (22 Karten) und den Kleinen Arkana (56 Karten). Die Karten der Großen Arkana kommen nur im Tarot vor. Ihre symbolträchtigen Bilder, die oft sehr schön und farbenprächtig gestaltet sind, bilden den Kern des Tarot. Die Urbilder auf diesen Kar-

DIE SONNE
Diese Karte stammt aus dem Visconti-Sforza-Tarot. Das älteste erhaltene Tarotblatt wird auf die Zeit um 1450 datiert.

ten gehen zwar auf die westliche Mysterientradition zurück, aber sie sind auch in den meisten anderen Kulturen zu finden. Es sind dies der Narr, der Wahrheitssucher, der Herrscher (der die männliche Autorität verkörpert) und der Mond (der sowohl Intuition als auch Täuschung symbolisiert). Als einzige Karte der Großen Arkana erscheint der Narr auch in normalen Kartenspielen, nämlich als Joker.

Die Kleinen Arkana werden oft als Vorläufer der normalen Kartenspiele angesehen – mit vier Extrakarten. Diese bestehen aus vier Sätzen – Kelchen (Herz), Stäben (Kreuz), Münzen oder Pentakeln (Karo) und Schwertern (Pik). Jede Farbe enthält zehn Zahlenkarten und vier Hofkarten: König, Königin, Ritter und Page.

Die Großen und die Kleinen Arkana werden entweder getrennt oder gemeinsam benutzt; sie vermitteln einen tiefen Einblick in Ihre Persönlichkeit und die anderer Menschen.

Manche Leute zweifeln an der Aussagekraft des Tarot, während andere ihm Verehrung entgegenbringen. Dieses Buch versucht eine respektvolle Annäherung. Bedenken Sie, daß andere Menschen etwas anderes im Tarot sehen könnten als Sie selbst.

DIE ZWEI DER KELCHE
Reichverziert zeigt diese Zwei der Kelche aus dem Visconti-Sforza-Tarot die Anzahl der Symbole ihres Satzes.

DIE GESCHICHTE
des TAROT

EINFLUSSREICHE FORSCHER HABEN BEHAUPTET, DER TAROT SEI MEHRERE TAUSEND JAHRE ALT. TATSÄCHLICH REICHEN SEINE URSPRÜNGE NUR ETWA 500 JAHRE ZURÜCK.

Der Tarot entstand wahrscheinlich Ende des 14., Anfang des 15. Jahrhunderts in Italien. Viele Bilder der Großen Arkana ähneln frühen Gravuren der »Trionfi« des italienischen Dichters Petrarca aus dem 14. Jahrhundert. Diese Gedichte handeln vom Triumph der Liebe, der Keuschheit, des Todes, des Ruhms, der Zeit und der Ewigkeit. Es sind moralische Allegorien des menschlichen Lebens und des Seelenzustands; sie haben mit dem Tarot also einiges gemeinsam. Das italienische Kartenspiel Tarocco enthält 22 Karten, die den Großen Arkana sehr ähnlich sehen und Triumphe oder Trümpfe genannt wurden.

Es ist auch möglich, daß die Großen Arkana als Instruktion für Menschen gedacht war, die kaum lesen und schreiben konnten – so wie in vielen Kirchen farbige Glasfenster die Gemeinde an die Geschichten der Bibel erinnern. Obwohl religiöse Kritiker den Tarot als »Gebetbuch des Teufels« verdammten, läßt sich sein Symbolcharakter häufig auf christliche

WEISSAGUNGSKARTEN
Viele Weissagungskarten aus dem 19. Jahrhundert zeigen Szenen aus dem Alltag; auf dieser Karte aus einem französischen Spiel von 1820, »Épitre aux Dames«, ist ein Landhaus abgebildet.

Ursprünge zurückführen. Viele Experten schrieben dem Tarot eine sehr viel längere Geschichte zu. 1781 veröffentlichte Antoine Court de Gébelin sein eigenes Tarot und behauptete, die Großen Arkana hätten ihren Ursprung im alten Ägypten.

Der Pariser Barbier und Perückenmacher Alliette nahm de Gébelins Ideen auf. Unter seinem rückwärts gelesenen Namen Etteilla schrieb er Bücher über okkulte Philosophie, etablierte sich als Weissager der High Society und veröffentlichte eigene Tarotspiele. Etteilla, dessen Karten sich von denen de Gébelins – die sich sehr viel enger an die traditionellen Darstellungen gehalten hatten – unterschieden, behauptete (wie so viele Tarot-Experten), daß sein Blatt die alten ägyptischen Symbole rekonstruiere. Er nannte seinen Tarot – nach dem ägyptischen Gott der Magie, der Schrift, der Medizin und der geheimen Weisheit – das »Buch Thoth«

GESELLSCHAFTSSPIELE
Diese französischen Karten eignen sich eher für Gesellschaftsspiele denn für eine ernsthafte Beschäftigung mit dem Tarot.

– und schrieb damit Tarot-Geschichte. Wirkt doch auch noch heutzutage alles Ägyptische überaus faszinierend, und viele Spiele ahmen ägyptische Motive nach.

FRÜHE KARTEN

DIE MEISTEN ESOTERISCHEN INTERPRETATIONEN DES TAROT STAMMEN VON FRANZÖSISCHEN UND ENGLISCHEN OKKULTISTEN AUS DER ZEIT ZWISCHEN DEM SPÄTEN 18. UND DEM FRÜHEN 20. JAHRHUNDERT.

Der französische Okkultist Etteilla war fasziniert von den Querverbindungen zwischen dem Tarot und der Kabbala, einer jüdischen Geheimlehre, die vom 14.–16. Jahrhundert Aspekte des Christentums und des Islams verband. Die Kabbala stellt die Beziehung zwischen Gott und dem Menschen durch ein komplexes diagrammatisches System dar: Zehn Punkte am Baum des Lebens sind mit 22 Wegen verbunden, die wiederum mit den 22 Buchstaben des hebräischen Alphabets in Beziehung gesetzt werden. Etteillas Ideen wurden von Eliphas Lévi und Papus fortgeführt, die zwischen den 22 Wegen des Baumes des Lebens und den 22 Karten der Großen Arkana eine Verbindung vermuteten.

DER FLÄMISCHE TAROT
Dieser Einsiedler stammt aus einem flämischen Spiel aus dem 18. Jahrhundert.

VOM STERN ZUR LUFT
Im »Grand Etteilla« wurden viele Karten umbenannt – wie der Stern, der in diesem Blatt zur Luft wird.

Die englische okkulte Sekte des »Hermetic Order of the Golden Dawn« intensivierte die Verbindung mit der Kabbala, indem sie den Narren vor die erste Karte stellte (statt wie bisher vor die Karte 21). Außerdem vertauschte man die Positionen der Gerechtigkeit und der Kraft, also der Karten 8 und 11, und paßte die Bedeutung der Kleinen Arkana der eigenen esoterischen Lehre an. Bis zu diesem Zeitpunkt hatte man den Kleinen Arkana sehr viel weniger Gewicht zugemessen als den Großen Arkana. Viele Tarotblätter – darunter der »Rider-Waite« und der »Morgan-Greer-Tarot« – berufen sich auf die Deutungen des Golden Dawn.

ZEHN DER MÜNZEN
Die Zehn der Münzen aus dem »Grand Etteilla« versinnbildlicht das Heim; auf den Kopf gestellt aber das Risiko.

VERSCHIEDENE TAROTSPIELE

WELTWEIT SIND VIELE TAROTBLÄTTER IN GEBRAUCH, ABER AM BEKANNTESTEN SIND WOHL ZWEI EUROPÄISCHE: DER »TAROT DE MARSEILLE« UND DER »SWISS IJJ«. DIE DRITTHÄUFIGSTE VARIANTE, DER »RIDER-WAITE-TAROT«, STAMMT AUS DEM 20. JAHRHUNDERT.

DER TAROT DE MARSEILLE

Der »Tarot de Marseille« ist ein traditioneller französischer Entwurf. Diese beiden Karten, die Zehn der Münzen und der Turm, stammen aus einem Spiel des 18. Jahrhunderts. Manche der hier verwendeten Darstellungen erscheinen nahezu unverändert in vielen modernen Blättern.

DER RIDER-WAITE

Der »Rider-Waite-Tarot« wurde von A. E. Waite entworfen und erstmals vom Verlag Rider & Co. veröffentlicht. Waite war ein führendes Mitglied im Order of the Golden Dawn, und sein Spiel enthält einiges aus der Geheimlehre der Sekte. Viele jüngere Blätter orientieren sich an Waites Symbolik. Der »Rider-Waite« war das erste Spiel, in dem die Kleinen Arkana so bebildert waren, daß ihre Bedeutung klar zum Ausdruck kam.

SWISS IJJ

Im »Swiss-IJJ-Spiel«, einem traditionellen Blatt aus dem späten 18. oder frühen 19. Jahrhundert, wurden der Papst und die Päpstin (oder die Hohepriesterin) durch die griechischen Götter Jupiter und Juno ersetzt. So kam das Spiel zu den beiden Initialen IJJ. Im »Zeitalter der Vernunft« – nach der französischen Revolution – wurden viele religiöse Aspekte der Großen Arkana abgeschwächt; so der Papst und die Päpstin durch andere Persönlichkeiten ersetzt.

AUSSERGEWÖHNLICHE KARTEN

ES GIBT AUCH GANZ ANDERE AUSLEGUNGEN DES TAROT. DIESE AUSSERGEWÖHNLICHEN KARTEN BASIEREN MEIST AUF MYTHOLOGIEN, PHILOSOPHIEN ODER EINER SPEZIELLEN LEIDENSCHAFT DES GESTALTERS.

DER TAROT DER ELEMENTE

Dieses Blatt aus dem Jahr 1988 nimmt die vier Elemente Erde, Feuer, Luft und Wasser für die vier Sätze der Kleinen Arkana und fügt noch ein fünftes, das esoterische Element des Geistes, für die Großen Arkana hinzu.

DER MOTHERPEACE-TAROT

Die Karten betonen schon rein äußerlich die Bedeutung des Mondes, der Mutter und des Lebenskreislaufs. Beim »Motherpeace-Tarot« (1981) handelt es sich um eine feministische Interpretation; die Bilder verkörpern Göttinnen und weibliche Magie.

DER SARDINIA-TAROT

In Osvaldo Menegazzis »Sardinia-Tarot« illustrieren Bronzestatuen, die verschiedenen Aspekte der Karten der Großen Arkana. Um jede Statue ranken sich Korallenketten, die in Sardinien noch heute für magische und heilerische Zwecke genutzt werden.

WEISSAGENDE HÄNDE UND MUSCHELN

Diese kleinen, wunderschönen Illustrationen der Großen Arkana stammen aus Menegazzis Karten »Le Mani Divinatorie« (1979) und »Le Conchiglie Divinatorie« (1975).

TAROT
& WEISSAGUNG

DER TAROT EIGNET SICH BESONDERS GUT, UM IN DIE ZUKUNFT ZU SEHEN UND DIE EIGENE PERSÖNLICHKEIT MIT IHREN PROBLEMEN ZU ANALYSIEREN. DIE SYMBOLISCHEN BILDER FÖRDERN DIE INTUITION.

DER TOD
Im »Kashmir-Tarot« (1984) hält der Tod Schwert und Stundenglas in einem Strömungsfeld kreativer Energie. Das Boot und seine Passagiere streben nicht dem endgültigen Untergang, sondern einem neuen Leben entgegen.

Der Tarot kann Ihre Fragen erfassen und mittels eines Systems von Regeln und Zufälligkeiten Ihre Persönlichkeitsstruktur aufdecken – Ihre Stärken und Schwächen, Ihre Fähigkeiten und Ihre Probleme.
In Beantwortung Ihrer Fragen zeigt der Tarot eine Vielfalt möglicher Wege auf, wobei auch jene äußeren Aspekte in Betracht gezogen werden (Menschen und Gegebenheiten) die Ihre Wahlmöglichkeiten beeinflussen könnten. So werden auch eventuelle Hindernisse und Gefahren ermittelt. Kurz: der beste Weg zum Erfolg. Obwohl der Tarot ein sehr aussagekräftiges Weissagungsinstrument ist, geht er nicht ins Detail, sondern schlägt nur Problemlösungen vor und verdeutlicht die hilfreichen oder hinderlichen Faktoren. Entscheiden müssen Sie immer selbst!

KÖNIG DER STÄBE

Die Hofkarten des einzigartigen Haindl-Tarot (1988) bedienen sich bei den Mythologien vieler Länder. Normalerweise stellt der König der Stäbe einen guten Kommunikator und Verhandlungsführer sowie einen großzügigen, väterlichen Vermittler dar. In einem so individuellen Blatt wie diesem ist der Deutende jedoch gehalten, die Wahl des mythologischen Charakters, in diesem Fall des indischen Gottes Brahma, sorgfältig zu beachten, um bei jeder Karte alle Bedeutungsebenen und Nuancen zu erfassen.

DER EINSIEDLER

Sowohl Gestaltung als auch Bedeutung einiger Karten aus dem »Frown-Strong-Tarot« (1991) weichen entschieden vom Üblichen ab. So hat der Einsiedler des »Frown Strong« einige Attribute des Narren übernommen – wie den nach den Fersen schnappenden Hund. Diese Karte besagt, daß man sich auf einen klaren Gedanken konzentrieren muß – statt so verwirrt und kurzsichtig herumzuirren, daß man sogar bei Tageslicht eine Laterne braucht.

ANDERE VERWENDUNGS-MÖGLICHKEITEN *des* TAROT

PROBIEREN SIE DEN TAROT DOCH EINMAL ZUR UNTERSUCHUNG IHRER PERSÖNLICHKEIT, ALS AUSGANGSPUNKT ZUR MEDITATION ODER ALS GERÜST ZUM GESCHICHTENERZÄHLEN.

SECHS DER KELCHE
Das »Inner-Child«-Spiel (1992) bezieht seine Bilder aus Märchen und Mythologien. Geflügelte Herzen versinnbildlichen die Kelche, und die Sechs der Kelche bedeutet Freundschaft. Diese Karte zeigt eine Nixe, die auf einem Storch, dem Boten neuen Lebens, reitet.

Aufgrund seiner eindringlichen Bildwelt und seiner Beziehungen zu verschiedenen esoterischen Systemen eignet sich der Tarot bestens für die verschiedensten Rituale.

Tarot kann die Meditation erleichtern: Nehmen Sie irgendeine Karte und konzentrieren Sie sich auf sie. Wenn Sie vor einer Entscheidung stehen, betrachten Sie Die Liebenden und überlegen Sie, ob Sie lieber Ihrem Kopf oder Ihrem Herzen folgen sollten. Die phantasieanregenden Bilder des Tarot bieten auch hervorragende Rahmenhandlungen zum Fabulieren und Geschichtenerzählen.

DER TOD UND DER EINSIEDLER

Der Gestalter des »Wonderland«-Spiels (1989) ließ sich von Lewis Carrolls Büchern »Alice im Wunderland« (1865) und »Alice im Spiegelreich« (1872) anregen. Der Tod wird hier durch die Königin des Herzens repräsentiert, während der Einsiedler durch eine Maus dargestellt wird, die sich in eine Teekanne zurückzieht.

ACHT UND NEUN DER STÄBE

Der »Mythic-Tarot« basiert – wie der Name sagt – auf der (griechischen) Mythologie. Die Großen Arkana zeigen Götter und Helden, und die vier Sätze erzählen jeweils berühmte griechische Sagen. Der Satz der Stäbe berichtet von Jason und der Suche nach dem Goldenen Vlies. Die Acht der Stäbe, die vielverprechende Fortschritte im Hinblick auf ein ersehntes Ziel bedeutet, zeigt Jasons Schiff, die »Argo«. Die Neun der Stäbe, deren Bedeutung in einer eisernen Entschlossenheit liegt, erzählt von der Passage der »Argo« durch die Symplegaden, zusammenschlagende Felsen.

DIE GROSSEN ARKANA

DIE 22 KARTEN DER GROSSEN ARKANA SYMBOLISIEREN MÄCHTIGE URBILDER VON MENSCHEN, TUGENDEN, GEISTIGEN ZUSTÄNDEN UND GEGEBENHEITEN.

Die Großen Arkana bilden den Kern des Tarot. Die 22 Karten zeigen die ganze Bandbreite menschlichen Lebens – körperlich, intellektuell, gefühlsmäßig und geistig. Sie verkörpern die Stärken und Schwächen, die Hoffnungen und Ängste, die besten Seiten einer Persönlichkeit wie auch die dunkelsten Bereiche des Selbst.

Die Karten stellen auch manch unwillkommene Prognose. Nicht selten muß der Fragende ein Opfer bringen (Der Gehängte) oder sich von einem Teil seines Lebens verabschieden, damit Neues entstehen kann (der Tod). Andere Karten symbolisieren Freude, Hoffnung, Heilung oder Sieg.

Eine große Anzahl der Großen Arkana zeigt einen Archetyp – eine Figur, die das gesamte Wesen eines Personentyps repräsentiert. Archetypen sind zum Beispiel die warme, nährende Mutterfigur; die strenge Autoritätsfigur; der traditionelle, religiöse Führer oder die geheimnisvolle, magische Person. Ein solches Urbild kann einen wirklichen Menschen meinen, einen Teil Ihrer selbst oder ein abstraktes Symbol in Ihrem Leben.

In jeder Karte der Großen Arkana sind positive und negative Kräfte wirksam. Die Festigkeit des einen Menschen kann bei einem anderen schon Erstarrung sein, und die poetische Vision des einen wird beim anderen zum verrückten Traum. In dem zusammenstürzenden Turm steckt beispielsweise die Chance eines neuen Anfangs. Die Botschaft hängt von verschiedenen Komponenten ab.

DER NARR

Der Narr repräsentiert unbekümmerten Aufbruch. Er macht sich keine Gedanken darüber, was auf ihn zukommen könnte, begibt sich ins Ungewisse und steht vielleicht schon, wie in vielen Spielen, mit einem Fuß am Abgrund. Die anderen Karten der Großen Arkana werden ihn warnen, führen und auf seinem Weg weiterhelfen.

DER HUND KANN EINEN TREUEN BEGLEITER VERKÖRPERN, ABER AUCH NACH JEMANDEM SCHNAPPEN.

DAS ZEICHEN FÜR DIE UNENDLICHKEIT.

DER MAGIER

Der Magier kontrolliert und koordiniert die Ereignisse. Er zieht gleichzeitig an vielen Handlungssträngen. Mal manipuliert er, mal schwindelt er sogar. Diese Karte bedeutet Kommunikation, machtvolle Lehre und Führung sowie eine Verbindung von Gott und Mensch, Himmel und Erde, Geist und Materie.

BLATT *Morgan-Greer Tarot*
VERÖFENTLICHT *1979*
GESTALTET *von Bill Greer, nach einer Idee von Lloyd Morgan*

DIE HOHEPRIESTERIN

Die Hohepriesterin, auch Päpstin genannt, repräsentiert esoterisches, spirituelles Wissen. Sie wird meistens als geheimnisvolle, magische Frau dargestellt, die zum Teil verhüllt ist. Da sie in enger Verbindung mit dem Mond steht, kann sie sowohl Täuschung wie Wahrheit bedeuten.

Das B und das J stehen für Boas und Jojachin, Namen auf den Säulen von Salomons Tempel im alten Jerusalem.

Die heilige Thorarolle, das jüdische Gesetzbuch, symbolisiert verborgene Weisheit.

DIE HERRSCHERIN

Die Herrscherin steht für die Mutter Erde, für Fruchtbarkeit, Fortpflanzung und natürliches Wachstum. Als Herrin des Hauses verkörpert sie nährende Mutterschaft und sinnliche Sexualität. Sie kann aber auch Maßlosigkeit und weibliche Übermacht repräsentieren.

Das Venussymbol weist auf die weibliche Sexualität hin.

Der Weizen ist das Symbol natürlicher Fruchtbarkeit.

DER HERRSCHER

Der Herrscher verkörpert Autorität. Er steht für Verantwortungsbewußtsein und Kontrolle (die seiner selbst inbegriffen). Er gilt als streng, aber fair; andererseits auch als unbeweglich und von männlicher Herrschsucht getrieben.

DER HERRSCHER SITZT AUF DEM FESTEN THRON DES GESETZES.

DIE DREITEILIGE TIARA IST EIN TRADITIONELLES SYMBOL DES PAPSTES.

DER HOHEPRIESTER

Der Hohepriester oder Papst repräsentiert religiöse Rechtgläubigkeit. Er vermittelt zwischen Himmel und Erde und demonstriert die Sicherheit eines festen Glaubens, kann aber auch strenges Befolgen hierarchischer Traditionen sowie Zurückhaltung bei der Erkundung neuer spiritueller Wege ausdrücken.

BLATT *Rider-Waite*
VERÖFFENTLICHT *1910, neu herausgegeben 1971*
GESTALTET *von Pamela Colman-Smith, nach einer Idee von A. E. Waite*

DIE LIEBENDEN

Überraschenderweise hat diese Karte weniger mit romantischer Liebe zu tun, dafür umso mehr mit einer anstehenden Entscheidung – wenn man für zwei oder mehr Menschen oder Dinge gleichermaßen viel empfindet. Man muß eine Wahl treffen: Vielleicht zwischen Geist und Sinnlichkeit oder zwischen Intuition und Vernunft.

PARIS HAT DIE WAHL ZWISCHEN MACHT, REICHTUM, LIEBE, RUHM UND EHRE.

SCHWARZE UND WEIßE PFERDE SYMBOLISIEREN DAS BEWUSSTE UND DAS UNTERBEWUSSTE.

DER WAGEN

In vielen Tarotblättern wird der Wagen von zwei Pferden oder Sphingen gezogen, die starrsinnig in entgegengesetzte Richtungen streben. Der Wagen steht für das Leben an sich und die Notwendigkeit strenger Disziplin, um auf dem richtigen Weg zu bleiben.

BLATT *Mythic Tarot*
VERÖFFENTLICHT *1989*
GESTALTET *von*
Tricia Newell, nach einer Idee von Juliet Sharman-Burke und Liz Greene

DIE GERECHTIGKEIT

Diese Karte verkörpert die faire, unparteiische Handhabung des Prinzips der Gerechtigkeit sowie sorgfältiges Abwägen beider Seiten einer Sache – wie Schuld und Unschuld, richtig und falsch, hell und dunkel – sowie das Treffen und die Akzeptanz einer richtigen Entscheidung. Das muß nicht immer die Entscheidung sein, die man sich erhofft hat...

WAAGSCHALE UND SCHWERT SIND TRADITIONELLE SYMBOLE DER GERECHTIGKEIT.

DER EINSIEDLER

Der Einsiedler steht für den Rückzug vom hektischen Alltag zugunsten von Studium und Meditation. Er symbolisiert Erneuerung – auf körperlicher, geistiger und vor allem spiritueller Ebene – sowie die Fähigkeit, sich danach mit neuen Erkenntnissen und Kräften den Problemen zu stellen.

DAS LEUCHTENDE LICHT WEIST DEM EINSIEDLER UND SEINEN ANHÄNGERN DEN WEG.

DAS GLÜCKSRAD

Das Glücksrad legt den Schwerpunkt auf den Wechsel der Jahreszeiten und den Kreislauf des Lebens. Es hört nie auf, sich zu drehen. Manchmal kommt es zum Fast-Stillstand, und oft muß man ganz tief sinken, um wieder nach oben zu kommen. Die Karte besagt, daß man sich von Problemen nicht unterkriegen lassen darf, sondern sie als Herausforderungen annehmen muß.

DIE SCHLANGE UND DER AUFGERICHTETE FUCHS VERKÖRPERN TOD UND WIEDERGEBURT.

DIE KRAFT

Diese Karte steht für Stärke – nicht nur für körperliche, sondern auch für solche des Willens. Das Symbol schließt Durchhaltevermögen und die Entschlossenheit, eine Sache erfolgreich abzuschließen, ein. Wahre Stärke ist eine Tugend, die durch Ruhe, Geschicklichkeit und Willenskraft scheinbar unüberwindbare Probleme meistern kann.

DER LÖWE VERKÖRPERT STARKE INSTINKTIVE WÜNSCHE, DIE STRENG IM ZAUM GEHALTEN WERDEN MÜSSEN.

DER GEHÄNGTE

Diese Karte besagt, daß man eventuell ein Opfer bringen muß, um eine positive Umkehrung des aktuellen Zustandes zu bewirken und seine geistige Freiheit zu erlangen. In der altisländischen »Edda« hing Odin neun Tage und Nächte kopfüber am Weltenbaum, um Erkenntnis aus den mystischen Runen zu ziehen.

DER GEHÄNGTE ERSCHEINT – TROTZ SEINER FESSELN – HEITER UND RUHIG.

EIN BÄRTIGES GESICHT DEUTET AUF DEN SCHEINBAREN SCHRECKEN DES TODES HIN.

DER TOD

Tod bedeutet nicht das Ende, sondern den Beginn eines neuen Lebens auf höherer Ebene. Neues Leben kann aber nicht beginnen, solange das alte nicht gestorben ist. So ist es manchmal schwierig, eine alte Beziehung endgültig zu beenden oder einen Job und eine Wohnung aufzugeben.

BLATT *Ukiyoe*
VERÖFFENTLICHT *1983*
GESTALTET *von Koji Foruta, nach einer Idee von Stuart R. Kaplan*

DIE MÄSSIGUNG

Diese Karte symbolisiert Ganzheitlichkeit, Harmonie und Heilung. Sie weist darauf hin, daß man Mäßigung, Bescheidenheit und Geduld zeigen sollte anstatt zu schnell und zu gefühlsmäßig auf Ereignisse zu reagieren. Gerechtigkeit sollte durch Bamherzigkeit ergänzt werden, Handeln durch abschließendes Resümee. Zeigen Sie Mitleid.

DER ENGEL VERKÖRPERT DIE BALANCE ZWISCHEN DEM BEWUßTEN UND DEM UNBEWUSSTEN.

DER TEUFEL SYMBOLISIERT SELBSTSUCHT.

DER TEUFEL

Im Tarot verkörpert der Teufel eine Neigung zur Selbstsucht; nicht unbedingt zum Bösen, aber zu sturem Beharren. Die Karte besagt, daß es an einem selbst liegt, sich von diesen Fesseln zu lösen – tut man es nicht, bleibt man gefangen und ausgeschlossen von jeglichem Fortschritt.

BLATT *Celtic Tarot*
VERÖFFENTLICHT *1990*
GESTALTET *von Manuel Gonzales Miranda*

DER TURM

Manchmal auch Haus Gottes genannt, verkörpert der Turm unerwartete Umwälzungen. Die Karte beschreibt den plötzlichen Einbruch des Schicksals in unser Leben. Alles wird auf den Kopf stellt. Dies ist nicht unbedingt eine Katastrophe, sondern kann auch Gelegenheit zu einem neuen Anfang sein. Der Turm kann außerdem falsche Überzeugungen und Gewohnheiten repräsentieren, die aufgegeben werden sollten.

DER BLITZ SYMBOLISIERT DAS PLÖTZLICHE EINGREIFEN DES SCHICKSALS.

DER STERN

Der Stern leuchtet hell in der Dunkelheit – dies ist die Karte der Hoffnung, des Glaubens und der Inspiration. Sie kann aber auch totale Ergänzung oder Erneuerung bedeuten. Aus zwei Krügen wird Wasser auf die Erde und in einen Teich gegossen (die hier das Bewußte und das Unbewußte symbolisieren). Das Land wird mit dem Wasser des Lebens gelabt, der Teich aufgefüllt.

WASSER REPRÄSENTIERT DAS UNBEWUSSTE ODER DAS SPIRITUELLE, DAS LAND HINGEGEN DAS BEWUSSTE ODER DIE MATERIE.

DER MOND

Der Mond ist die Karte der Liebenden und der Dichter, die Karte der Intuition und der Verrücktheit, der verborgenen Tiefen und der Täuschung. Er bedeutet Licht und Dunkel, esoterische Spiritualität und Verwirrung. Der Mond regt zu Träumen an; diese können aber auch zu wilden Phantasien wuchern. Er verkörpert einen Mangel an Vernunft und Gesundheit.

DER FLUSSKREBS SYMBOLISIERT DIE DUNKLEN KRÄFTE DES UNBEWUSSTEN, GEGEN DIE MAN SICH SCHÜTZEN MUSS.

DIE SONNE

Die Sonne repräsentiert Freude, Erfolg und Erfüllung. Sie assoziiert Wärme und Licht (Voraussetzungen für das Leben auf der Erde) sowie neue Gelegenheiten (wenn morgens die Sonne aufgeht, beginnt ein neuer Tag voller Möglichkeiten). Diese Karte verkörpert außerdem Freude in der Familie und Hoffnung für die Zukunft.

KINDER SYMBOLISIEREN RÜCKKEHR ZUR UNSCHULD UND GELEGENHEIT ZU EINEM NEUEN ANFANG.

DAS JÜNGSTE GERICHT

Diese Karte zeigt meistens eine nackte Familie, die vom Fanfarenstoß des Engels aus ihren Gräbern geschreckt wird. Sie symbolisiert die Bereitschaft des Menschen zur Wiedergeburt, indem er selbstkritisch Rechenschaft über sein Leben ablegt. Das Jüngste Gericht beinhaltet die Bilanzierung unserer Fehler sowie Vergebung für uns selbst und andere.

Symbole für die Apostel Matthäus, Markus, Lukas und Johannes.

Nackte Menschen stehen für Wiedergeburt.

DIE WELT

Die Welt ist die Karte der Verwirklichung und der erfolgreichen Vollendung. Der Narr ist am Ende seiner Reise angelangt und soll nun mit dem Lorbeerkranz des Sieges gekrönt werden. Dies kann materiellen Erfolg bedeuten, verweist aber auch auf Selbsterkenntnis, spirituelles Verständnis und Reife.

Blatt *Tarot de Marseille*
Veröffentlicht *1701–15*
Gestaltet *von Jean Dodal*

DIE KLEINEN ARKANA

DIE 56 KARTEN DER KLEINEN ARKANA REPRÄSENTIEREN DIE MENSCHEN, UMSTÄNDE UND SITUATIONEN DES ALLTAGSLEBENS. ES GIBT VIER SÄTZE: KELCHE, STÄBE, MÜNZEN (AUCH PENTAKEL GENANNT) UND SCHWERTER.

DIE HOFKARTEN

Im Gegensatz zu einem normalen Kartenspiel gibt es in jedem Satz der Kleinen Arkana vier Hofkarten: König, Königin, Ritter und Page. Diese Karten können Menschen aus Ihrem Leben verkörpern (wie zum Beispiel einen übermächtigen Vater oder Arbeitgeber, eine liebende Mutter oder Freundin, einen intelligenten und ehrgeizigen jungen Menschen oder ein Kind). Sie können aber auch all diese Eigenschaften in Ihnen selbst ansprechen.

Der König könnte die männlichen Aspekte einer weiblichen Persönlichkeit symbolisieren – ihren »animus«, die Königin indessen die weiblichen Aspekte einer männlichen Persönlichkeit – seine »anima«. So stehen beide in ergänzendem Kontrast zueinander.

Obwohl die Hofkarten normalerweise für Menschen stehen, verkörpern sie manchmal auch nur gewisse Eigenschaften – wie Machtgelüste, Ehrgeiz, Ungeduld, Treue, Sorge, der Freude an neuen Ideen und anderem mehr. In einer Tarotsitzung vor die Entscheidung nach der konkreten Aussage der Hofkarten gestellt, läßt sich diese nur unter Berücksichtigung aller gelegten Karten und sehr intuitiv treffen.

DIE ZAHLENKARTEN

Jeder Satz der Kleinen Arkana enthält zehn Zahlenkarten. Sie zeigen verschiedene Lebenssituationen wie Schmerz, Frustration und Sorgen oder Zusammenarbeit, Verständigung und Durchhaltevermögen, die gleichermaßen als Versagen oder als Erfolg gedeutet werden können.

AS DER STÄBE

Der klassischen Tarotgestaltung von 1736 folgend, stammt dieses As der Stäbe aus dem »Spanischen Tarot«.

Obwohl die verschiedenen Tarotspiele eine Vielzahl von Bedeutungen aufweisen, haben die Zahlenkarten jedes Satzes der Kleinen Arkana meistens folgende symbolische Aussagen:

AS: Das Wesen des betreffenden Satzes, Neuanfang.
ZWEI: Gegensätze, Gleichgewicht oder Konflikt, Zweiheit.
DREI: Wachstum, Fruchtbarkeit, Handeln und Ergebnisse.
VIER: Festigkeit und Logik.
FÜNF: Wandlungsfähigkeit.
SECHS: Frieden und Harmonie.
SIEBEN: Ende eines Lebensabschnittes.
ACHT: Das Ausbalancieren entgegengesetzter Kräfte.
NEUN: Das Essentielle.
ZEHN: Vollendung.

AS DER KELCHE

Dieses As der Kelche aus dem »Tarot of the Witches« (1973) zeigt einen schlichten Altarkelch.

KELCHE

DER SATZ DER KELCHE WIRD MIT GEFÜHLEN, LEIDENSCHAFTEN UND SPIRITUALITÄT IN VERBINDUNG GEBRACHT. ER STEHT IN ENGER BEZIEHUNG ZUM ELEMENT WASSER.

DIE HOFKARTEN

Die weissagerischen Bedeutungen der Hofkarten sind folgende:

KÖNIG: Ein guter Verhandlungsführer. Vielleicht im Bereich der Künste oder der Wissenschaft tätig. Oft verbirgt er seine Gefühle oder kennt sie selbst nicht so genau.

KÖNIGIN: Eine warmherzige, sanfte Frau. Sinnlich und empfindsam, intuitiv und tief spirituell (mit einem geheimnisvollen Flair), die aber auch zu verträumt (»nicht von dieser Welt«) und unrealistisch sein kann.

RITTER: Ein sensibler Mensch. Auf der romantischen Suche nach der Wahrheit, aber möglicherweise nicht gerade praktisch veranlagt; leicht durch Neues zu beeinflussen.

PAGE: Ein freundlicher junger Mensch, ruhig und fleißig.

DIE ZAHLENKARTEN

Die weissagerische Bedeutung der Zahlenkarten ist:

AS: Das Wesen des Wassers. Spirituelle und emotionale

KÖNIG DER KELCHE

Auf dieser Karte aus dem »Ukiyoe-Tarot« hält der König einen Kelch mit Lackmalereien.

Nahrung. Geistige Sättigung.
ZWEI: Zunehmende Zusammenarbeit und Freundschaft.
DREI: Frieden und Glück; das Resultat liebender Vereinigung.
VIER: Stillstand der Gefühle, Unzufriedenheit und Apathie.
FÜNF: Enttäuschung, Verlust (aber es gibt Hoffnung!)
SECHS: Verharrende Nostalgie führt zu nichts.
SIEBEN: Zu viele Entscheidungsmöglichkeiten, wobei manche vielleicht gar nicht zur Diskussion stehen.
ACHT: Loslösung von der Vergangenheit.
NEUN: Körperliche und emotionale Stabilität, Erfüllung eines Wunsches, Möglichkeit des Teilenmüssens.
ZEHN: Vollendung, Familienglück, Zufriedenheit und Sicherheit im Häuslichen.

ZWEI UND DREI DER KELCHE

Die Zwei der Kelche stammt aus dem »Español« (oder »Spanischen Tarot«), und die Drei der Kelche gehört zum »Morgan-Greer-Tarot«.

STÄBE

DER SATZ DER STÄBE VERKÖRPERT ENERGIE UND ARBEIT UND DARAUS RESULTIERENDEN FORTSCHRITT. ER STEHT IN BEZIEHUNG ZUM ELEMENT FEUER.

DIE HOFKARTEN

Die weissagerischen Bedeutungen der Hofkarten sind folgende:

KÖNIG: Ein charmanter, witziger und freigiebiger Mensch, der im allgemeinen ehrlich, pflichtbewußt und gerecht ist, aber auch ungeduldig und selbstherrlich sein kann.

KÖNIGIN: Eine freundliche, großzügige und liebevoll sorgende Person, auch praktisch veranlagt. Eine hervorragende Geschäftsfrau, mit einem unabhängigen Verstand und natürlicher Autorität gesegnet.

RITTER: Ein gerngesehener, großzügiger Mensch (aber unberechenbar), vertrauensvoll und energiegeladen, voller interessanter Ideen, die er auch in die Tat umsetzt.

PAGE: Ein lebhafter, junger Mensch. Ein zuverlässiger Bote, der ungewöhnliche, zumeist gute Neuigkeiten bringt.

DIE ZAHLENKARTEN

Die weissagerischen Bedeutungen der Zahlenkarten:

PAGE DER STÄBE
Der Page des »Mythic-Tarot« ist Phrixos, ein Held aus der griechischen Sagenwelt.

AS: Das Wesen des Feuers; Kreativität, Begeisterungsfähigkeit und Ehrgeiz, verbunden mit Karriere.
ZWEI: Ein entschlossener Führer mit Willensstärke und hohen Idealen.
DREI: Die praktische Umsetzung dieser Pläne.
VIER: Verwirklichung, das Ergebnis harter Arbeit, fortschreitendes Wachstum.
FÜNF: Unvermeidbare Probleme und verschiedene kleinere, lästige Unannehmlichkeiten.
SECHS: Erfolg und Anerkennung für die geleistete harte Arbeit.
SIEBEN: Eine Herausforderung, der geschickt, mutig, und entschlossen begegnet werden muß.
ACHT: Plötzliche, rasche Bewegung und bemerkenswerter Fortschritt zum Erfolg.
NEUN: Strenge und Entschlossenheit sind vonnöten.
ZEHN: Der Erfolg wurde zu einer schweren Last, zu einem Gefängnis.

DREI UND VIER DER STÄBE

Die Drei der Stäbe stammt aus dem »Tarot de Marseille«, und die Vier der Stäbe ist im »Russischen Tarot« enthalten.

MÜNZEN

DER SATZ DER MÜNZEN WIRD MIT DEM MATERIELLEN IN VERBINDUNG GEBRACHT.
ER STEHT IN BEZIEHUNG ZUM ELEMENT ERDE.

DIE HOFKARTEN
Die weissagerischen Bedeutungen der Hofkarten sind folgende:
KÖNIG: Ein verläßlicher und loyaler Führer. Weder sehr einfallsreich, noch sehr intelligent, aber stets mit sich und seinem Leben zufrieden.
KÖNIGIN: Eine praktische, fähige Geschäftsfrau, die großzügig ist, aber zuviel Wert auf Bequemlichkeit, Wohlstand und soziales Prestige legt.
RITTER: Ein zuverlässiger, geduldiger Mensch, der aber nicht nur zu konventionell, sondern auch geradezu verbissen und uneinsichtig sein kann.
PAGE: Ein fleißiger, sorgfältiger, kritisch denkender junger Mensch. Sehr geeignet als Verwalter, kann aber unter Umständen zu verkrampft die Aufgaben angehen.

DIE ZAHLENKARTEN
Die weissagerischen Bedeutungen der Zahlenkarten:
AS: Das Wesen der Erde;

RITTER DER MÜNZEN
Dieser Chevalier de Denier stammt aus einem frühen »Tarot de Marseille« aus dem 18. Jahrhundert.

finanzielle Sicherheit, materielle Bequemlichkeit, körperliches Wohlergehen.
ZWEI: Nach umfassenden Schwankungen und Veränderungen müssen Sie alles ausbalancieren.
DREI: Ihre hervorragende Arbeit wird anerkannt und belohnt.
VIER: Materielle Sicherheit, die allerdings leicht zu Gier führen kann.
FÜNF: Verarmung und Verlust an Materiellem. Trotzdem: Nicht verzweifeln!
SECHS: Großzügigkeit, nutzen Sie Ihre gute Stellung und Ihren Erfolg, um anderen zu helfen.
SIEBEN: Ruhen Sie sich nicht auf Ihren Leistungen aus, werden Sie nicht selbstgefällig.
ACHT: Ihre persönlichen Interessen und Fähigkeiten führen zu gewinnbringenden, befriedigenden Ergebnissen.
NEUN: Erfüllung und die Freude am hartverdienten Erfolg.
ZEHN: Sicherheit und Wohlstand, emotionaler Reichtum (Stabilität in der Familie eingeschlossen).

ZWEI UND FÜNF DER MÜNZEN
Die Zwei der Münzen stammt aus dem »Mini-Motherpeace-Round-Tarot«, die Fünf ist Bestandteil des »Ukiyoe-Tarot«.

SCHWERTER

DER SATZ DER SCHWERTER WIRD MIT VERSTAND, AKTIVITÄT UND KRAFT IN VERBINDUNG GEBRACHT. ER STEHT IN ENGER BEZIEHUNG ZUM ELEMENT LUFT.

DIE HOFKARTEN
Die weissagerischen Bedeutungen der Hofkarten sind folgende:
KÖNIG: Ein strenger Verfechter von Recht, Gesetz und Autorität, der Macht ausübt, Befehle erteilt und Recht spricht. Obwohl er neuen Ideen aufgeschlossen ist, kann er übermächtig , hart und sogar grausam sein.
KÖNIGIN: Eine intelligente, in sich ruhende Frau, die daran gewöhnt ist, ihren Willen durchzusetzen, der aber Entäuschungen nicht erspart geblieben sind.
RITTER: Ein mutiger, geschickter Krieger. Klug und ehrgeizig und ungeduldig darauf wartend, handeln zu dürfen, wird er Widerstand rücksichtslos brechen.
PAGE: Ein aufgeweckter junger Schnelldenker. Schlau, aber möglicherweise verräterisch; er würde einen guten Diplomaten oder Spion abgeben.

KÖNIGIN DER SCHWERTER
Diese Karte aus dem »Morgan-Greer-Tarot« repräsentiert Strenge und Unabhängigkeit.

DIE ZAHLENKARTEN

Die weissagerischen Bedeutungen der Zahlenkarten:

As: das Wesen der Luft; Macht und Gerechtigkeit durch Strenge und Entschlossenheit.

Zwei: Eine Pattsituation, häufig auch trügerisch.

Drei: Abwesenheit, schmerzlicher Verlust.

NEUN UND ZWEI DER SCHWERTER

Die Neun der Schwerter stammt aus dem »Rider-Waite-Tarot« und die Zwei der Schwerter aus dem »Gran Tarot Esoterico«.

Vier: Körperliche Ruhephase, Abstand von Ärgernissen.

Fünf: Ehrverlust, gescheiterte Pläne und das Eingeständnis einer Niederlage.

Sechs: Das Überwinden eines Hindernisses, Ausweichen vor momentanen Schwierigkeiten.

Sieben: Denken Sie klar, logisch und verdrängen Sie Ihre Skrupel.

Acht: Sie fühlen sich eingeengt und hilflos.

Neun: Elend und Verzweiflung; Ihre Angst übertrifft die Realität.

Zehn: Ruin, Schmerz und absolute Verlassenheit; es kann nur besser werden.

DIE TAROTSITZUNG

ERLAUBEN SIE DEN BILDERN AUF DEN KARTEN, ZU IHREM UNTERBEWUSSTSEIN ZU »SPRECHEN«. WENN IHRE PHANTASIE SICH ERST EINMAL FREI ENTWICKELT, WIRD IHRE INTERPRETATION, WEIL VON IHRER INTUITION GELEITET, ZIEMLICH VERLÄSSLICH SEIN.

Einige, die mit dem Tarot arbeiten, bewahren ihre Karten (in schwarzer Seide und einer handgeschnitzten Holzschachtel) in einem Regal dicht unter der Decke des Raumes auf. Sie lassen vielleicht während der Sitzung auch sanfte Musik laufen, zünden eine Kerze und Räucherstäbchen an.

All dies kann nützlich sein, um eine bestimmte Atmosphäre zu schaffen, aber es ist nicht wesentlich. Am wichtigsten für eine gelungene Tarotsitzung sind Konzentration und das Vertrautsein mit jenen Botschaften, die die Karten liefern.

Als erstes müssen Sie entscheiden, welches Legemuster Ihnen für die zu stellende Frage am geeignetsten erscheint. Entspannen Sie sich, sorgen Sie dafür, daß Sie nicht gestört werden und konzentrieren Sie sich auf die Frage. Mischen Sie die Karten, bilden Sie drei Stapel. Legen Sie die Karten wieder zusammen und bringen Sie jene, die Sie benutzen, einzeln und verdeckt in die richtige Position. Sie sind nicht darauf angewiesen, umgekehrt liegende Karten zu entschlüsseln – jede Karte der Großen Arkana hat genug unterschiedliche Bedeutungen, und auch unter den Kleinen Arkana gibt es sowohl positive als auch negative Karten.

In allen Legemustern hat jede Position eine spezielle Bedeutung. Decken Sie der Reihe nach alle Karten auf, eine nach der anderen, konzentrieren Sie sich auf die Frage, die Grundbedeutung der Karte, die Bedeutung ihrer Position und ihre Beziehung zu den anderen Karten. Bedenken Sie, wie diese Faktoren zusammenhängen könnten, drehen Sie dann die nächste Karte um und machen Sie das gleiche. Wenn alle Karten aufgedeckt sind, beobachten Sie, ob sich Ihnen dieses Muster intuitiv als Freude, Frustration, Erfolg oder Gefahr zu erkennen gibt oder ob beispielsweise besonders viele Karten der Großen Arkana, Karten eines Satzes oder Hofkarten gelegt wurden. Schauen Sie sich die Karten noch einmal an, überdenken Sie die Geschichte, die sie Ihnen erzählen und beziehen Sie sie auf die Frage und den Fragenden.

Überlassen Sie Ihre Intuition immer der Führung durch die Karten und versuchen Sie, aus dem Muster eine Lehre zu ziehen.

RITUAL-TAROT

Manchen Menschen hilft es, wenn sie die Tarotsitzung wie ein Ritual zelebrieren. Man kann zum Beispiel Räucherstäbchen abbrennen und eine Kerze anzünden.

EIN SELBSTERFAHRUNGS-LEGEMUSTER

DIESES LEGEMUSTER ARBEITET NUR MIT DEN GROSSEN ARKANA UND BIETET EIN ÜBERGREIFENDES BILD DES SELBST. ES EIGNET SICH SEHR GUT FÜR EINE MEDITATION ÜBER DAS EIGENE LEBEN.

Die mittlere Karte verkörpert Ihren innersten Kern, und die anderen drei Karten sollten jeweils im Zusammenhang mit dieser zentralen Karte interpretiert werden. Links steht das intellektuelle Leben, rechts das Gefühlsleben und oben das spirituelle Leben. Im Idealfall stehen die vier Karten in einer positiven Wechselbeziehung zueinander.

In der Mitte dieses Musters steht der Stern – in dieser zentralen Position eine positive Karte, die Hoffnung, Erneuerung und Wiedererstarken bedeutet. Links vom Stern liegt das Glücksrad, in diesem Blatt als Rad der Wahrheit gezeichnet. Es besagt, daß im Leben des Fragenden alles im Fluß ist. Das Ablegen alter Denkmuster fördert neue Ideen, und diese Karte paßt gut zu dem Stern. Rechts von dem Stern symbolisiert die Herrscherin die Wärme des Heimes und natürliches Wachstum. All diese Bedeutungen werden durch das erfrischende, ergänzende Wesen des Sterns noch gesteigert.

Die Gerechtigkeit über dem Stern signalisiert die Wahrnehmungsfähigkeit von Hell und Dunkel im spirituellen Bereich. Vielleicht akzeptiert der Fragende alle spirituellen Ideen und Praktiken gleichermaßen. Diese Karte schlägt vor, abzuwägen – mit dem Schwert der Wahrheit und Gerechtigkeit das Richtige vom Falschen zu trennen. Der Fragende sollte die positiven Gedanken des Sterns als Führer nutzen.

Kashmir-Tarot

Spirituell

Innerster Kern

Intellektuell

Emotional

DAS PROGRESSIONS-MUSTER

DIESES GERADLINIGE MUSTER BESTEHT AUS SECHS KARTEN. ES ZEIGT DEN WEG VON DER GEGENWART IN DIE ZUKUNFT UND DIE ART, WIE DIESER WEG GEGANGEN WERDEN SOLLTE.

In diesem Muster repräsentieren jeweils zwei Karten die verschiedenen Zeiträume. Deren Erscheinungsbild hängt davon ab, wie die beiden Karten sich zueinander verhalten.

Die Fragende hat den Deutenden mit Hintergrundinformation versorgt. Sie ist Musikerin und möchte herausfinden, wie ihre Band erfolgreicher werden kann.

Im Laufe der Sitzung beklagte sich die Fragende, daß ihre Band nicht soviel Erfolg hat, wie sie ihrer Meinung nach verdiente, und fragte nach Wegen und Mitteln, dies zu ändern. Die ersten beiden aufgedeckten Karten, der Stern und das Jüngste Gericht, zeigen die Gegenwart. Sie besagen, daß die Fragende versuchen sollte, die früheren Anstrengungen und Erfolge der Band ehrlich zu bewerten (die Karte des Jüngsten Gerichts) und sich zu einem neuen Versuch bereithalten. Die positive Bedeutung des Sterns weist darauf hin, daß dieser wohl eher mit hoffnungsvollem

DER KELTISCHE TAROT

Die Gegenwart

denn negativem Ausgang enden wird.

Die nächsten beiden Karten, die Vier der Schwerter und das As der Schwerter, in der Position der Zukunft, symbolisieren eine Zeit der Ruhe und Entspannung, der Meditation, des Abstandnehmens (Vier der Schwerter). Das As der Schwerter deutet an, daß die Fragende imstande sein sollte, klar zu überlegen und abzuwägen. Die andere Bedeutung der Karte, Streit und Verlust, kommt dagegen in diesem Zusammenhang überhaupt nicht zur Geltung.
Die beiden letzten Karten,

Der Übergang

Die Zukunft

der Page der Münzen und der König der Kelche, zeigen den Weg von der Gegenwart in die Zukunft. Dieser ist wahrscheinlich durch intensive Arbeit (Page der Münzen) gekennzeichnet. Dabei sollten Ratschläge angenommen und der Austausch mit echten Profis, die sich im Künstlergeschäft auskennen (König der Kelche), intensiviert werden.

Insgesamt bringt diese Konstellation zum Ausdruck, daß es für die Fragende am besten wäre, noch einmal genau darüber nachzudenken, was die Band tut.

DER STERN
LEGEMUSTER I

FÜR DEN STERN KANN MAN ENTWEDER NUR DIE GROSSEN ARKANA ODER ABER DAS GESAMTE BLATT NEHMEN. DABEI BLEIBEN DIE ANORDNUNG DER KARTEN UND DIE BEDEUTUNG DER POSITIONEN JEWEILS GLEICH.

Die mittlere Karte verkörpert den Kern des Problems oder der Lösung. Die untere Karte stellt die gegenwärtige Situation dar, links und rechts darüber liegen Verstand und Gefühle. Über diesen Karten wiederum befinden sich die Wünsche und Ausprüche sowie die künftige Entwicklung. Das Ergebnis der Befragung steht an der Spitze. Da es sich um ein sehr ernstes Problem handelt, werden nur die Großen Arkana verwendet.

Der Fragende möchte wissen, wie er zu einem erfüllten Liebesleben finden kann. Der Mond in der Mitte des Legemusters zeigt Verwirrung und Enttäuschung an. In der Position der Gegenwart steht der Narr – der Fragende –, der einen Weg zur Überwindung der Ungewißheit sucht. Er fragt sich, ob er damit aufhören soll, sein Liebesleben mit dem Verstand zu analysieren (Der Gehängte), um statt dessen seinen Gefühlen zu vertrauen (Die Liebenden). Dazu müßte er seinen Stolz überwinden (Der Turm) und bisherige Vorstellungen korrigieren. Der Wagen besagt, daß der Fragende genau abwägen muß, wenn offensichtlich wird, was jetzt noch im Dunkeln liegt – vielleicht bestimmte Wünsche oder eine künftige Beziehung. Der Ausgang erscheint positiv, denn die Karte des Magiers symbolisiert, daß die Situation unter Kontrolle ist.

Die Karte der Liebenden in der Position der Gefühle mahnt, beide Bedeutungen der Karte zu bedenken.

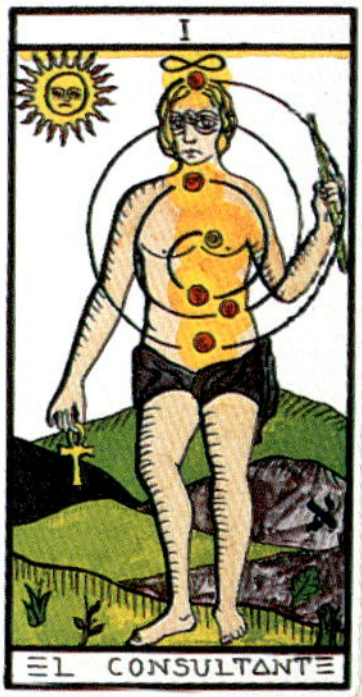

Das Ergebnis

bekannten Wünsche

Was kommt

Der Kern der Frage

Der Verstand

Die Gefühle

Die Gegenwart

DER STERN
LEGEMUSTER II

DIESES LEGESYSTEM IST BESONDERS GUT, WENN MAN SICH IM WIDERSTREIT ZWISCHEN VERSTAND UND GEFÜHL BEFINDET. ES HILFT, ZWISCHEN BEKANNTEM UND UNBEWUSSTEM ZU UNTERSCHEIDEN.

Die Fragende möchte wissen, ob sie weiterhin Romane schreiben soll; bisher ist es ihr nicht gelungen, etwas zu veröffentlichen.

In der Mitte dieses Legemusters verkörpert die Welt Vollendung und Verwirklichung. Nun muß man den Rest des Musters sorgsam betrachten, um herauszufinden, ob dies bereits das Endergebnis ist oder nur den Wunsch der Fragenden ausdrückt.

Die Vier der Stäbe in der Position der Gegenwart verspricht Belohnung für harte Arbeit und Kreativität. In der Position des Verstandes symbolisiert das As der Stäbe schöpferische Aktivitäten und einen positiven Neuanfang. Die Königin der Kelche auf der Position der Gefühle verkörpert Sensibilität und Intuition. Sie deutet außerdem ein Geheimnis an. Dies sind grundsätzlich gute Vorzeichen für das Schreiben von Romanen, sie warnen aber auch vor zu unrealistischen Erwartungen.

Die Karte der Mäßigung als Sinnbild für die bekannten Wünsche rät der Fragenden, ein Gleichgewicht herzustellen – vielleicht zwischen Handeln und Nachdenken. Das Jüngste Gericht zeigt Möglichkeiten zukünftiger Entwicklung. Der Herrscher in der Position des Resultats deutet auf Selbstbeherrschung und Autorität hin.

Fazit: Die Fragende sollte weiterhin Romane schreiben.

Der Tarot de Marseille

Das Ergebnis

Die bekannten Wünsche

Was kommt

Der Kern der Frage

Der Verstand

Die Gegenwart

Die Gefühle

DAS HUFEISEN

DIE SIEBEN KARTEN FÜR DAS HUFEISEN-LEGEMUSTER WERDEN VON LINKS NACH RECHTS AUFGEDECKT. DIESES SYSTEM EIGNET SICH HERVORRAGEND, UM EINEN WEG VON DER VERGANGENHEIT IN DIE ZUKUNFT AUFZUZEIGEN.

Von links nach rechts repräsentieren die ersten Karten die Vergangenheit, gefolgt von der Gegenwart, der Zukunft und der bestmöglichen Handlungsentscheidung. Die nächsten Karten zeigen die Einflüsse anderer Menschen, die Hindernisse, die möglicherweise im Weg liegen, und schließlich das Ergebnis.

Der Fragende möchte wissen, wie er mehr Geld verdienen kann. Die Zwei der Kelche zeigt eine gute Vergangenheit, die vom Respekt und der Unterstützung anderer geprägt war. Die Fünf der Stäbe in der Position der Gegenwart bedeutet, daß nur mit kleineren Unannehmlichkeiten zu rechnen ist, mit denen der Fragende aber spielend fertig wird. Die Zehn der Stäbe warnt, daß zuviel Erfolg zur Last werden könnte. Die Karte der bestmöglichen Handlung ist das As der Schwerter. Diese Karte besagt, daß die Frage wohl bedacht sein will. Denn: Wirklichen Reichtum bedeuten die anderen Menschen um ihn herum. Die Zehn der Kelche in der Position der Hindernisse hat eine sehr positive Bedeutung. Sie verspricht, daß dem Fragenden gerade eine schwere Entscheidung bevorsteht, und daß er, wenn er mehr Geld verdienen will, dafür vielleicht mit dem Verlust persönlicher Erfüllung bezahlen muß.

Das Ergebnis zeigt, daß der Fragende materiell erfolgreich sein kann, wenn er wirklich will und alle Kräfte dafür einsetzt.

Swiss IJJ Tarot

Die Vergangenheit

Das Ergebnis

Die Gegenwart

Hindernisse

Die Zukunft

Äußere Einflüsse

Die bestmögliche
Entscheidung

DAS ALTERNATIVEN-LEGEMUSTER

EIN HERVORRAGENDES SYSTEM, WENN MAN VOR ZWEI ALTERNATIVEN STEHT, DENN ES ZEIGT SOWOHL DEN WEG, MIT DEM MAN AUF NUMMER SICHER GEHT, ALS AUCH DIE ABENTEUERLICHERE VERSION.

In diesem Legemuster repräsentieren die obersten drei Karten die sicherere Wahlmöglichkeit, während die unteren drei die Alternative zeigen. Die mittlere Karte stellt jeweils den Kern dar, dem zwei unterstützende Karten zur Seite stehen. Die zentrale Karte wird als erste gelegt; sie verkörpert oft die Frage, das Problem oder sogar die Lösung.

Die Fragende möchte wissen, ob sie das Risiko auf sich nehmen und für drei Monate nach Frankreich gehen oder ob sie sicher und ungefährdet zu Hause bleiben soll. Die mittlere Karte, der Ritter der Schwerter, ist furchtlos und mutig, manchmal aber auch ungeduldig. Die oberen drei Karten besagen, daß die materielle Sicherheit zu Hause leicht zur Trägheit führen kann (Vier der Münzen) und sich die Fragende dort gefangen fühlen könnte (Acht der Schwerter). Die Karte des Todes bedeutet, daß man seine Vergangenheit hinter sich lassen muß, um neu anzufangen.

Die unteren drei Karten zeigen die Fahrt nach Frankreich. Der König der Schwerter warnt, daß es sich nicht um die leichtere Wahl handelt. Die beiden flankierenden Karten unterstützen diese Argumentation: Die Neun der Stäbe bedeutet Überwindung von Hindernissen, während die Sechs der Stäbe Erfolg andeutet.

Die Karten befürworten ganz klar die Fahrt nach Frankreich.

Die sichere Wahl

MORGAN-GREER-TAROT

Situations-überblick

Die Alternative

DAS KELTENKREUZ

DIESES VIELSEITIGE LEGEMUSTER EIGNET SICH SOWOHL FÜR ALLGEMEINE ALS AUCH FÜR SPEZIFISCHE BEFRAGUNGEN. ES KANN FRÜHERE, MOMENTANE UND ZUKÜNFTIGE EREIGNISSE UND EINFLÜSSE ODER EINEN LEBENSÜBERBLICK AUFZEIGEN.

In dieser Sitzung zeigt die Karte der Mäßigung in der Position der Gegenwart Gleichgewicht und Harmonie. Der zuverlässige, aber zu selbstgefällige König der Münzen liegt als Hindernis darüber. Er mag eine bestimmte Person verkörpern, kann aber auch Mangel an Phantasie beim Fragenden selbst verraten. In der Vergangenheit hat er sich sehr darum bemüht, entgegengesetzte Kräfte auszubalancieren (Der Wagen). Vielleicht hat er auch versucht, die Phantasien und Träume des Mondes in Schach zu halten. Die Zukunft zeigt, wie das As der Schwerter dieses Durcheinander mit einem plötzlichen Hieb zerschneidet. Darauf folgt wieder ein geschicktes Ausbalancieren der verschiedenen Dinge im Leben des Fragenden (Zwei der Münzen). Unter den letzten vier Karten beschreibt die erste, die Sechs der Schwerter, die Einflußmöglichkeiten des Fragenden auf Ereignisse oder Menschen um ihn herum. Diese Karte zeigt, daß er Hindernisse aus dem Weg räumt und sich von seinen gegenwärtigen Schwierigkeiten fort auf eine Reise begibt. In der Position der Hoffnungen und Befürchtungen liegt der König der Schwerter – er verkörpert Autorität, aber auch Aufgeschlossenheit für neue Ideen. Bei dem Fortschritt, den das As und die Sechs der Schwerter versprechen, und der Flexibilität der Zwei der Münzen sollte der Fragende in der Lage sein, ein günstiges Ergebnis zu erzielen.

Rider-Waite-Tarot

Zukünftige Einflüsse

Das Ergebnis

Hoffnungen und Befürchtungen

Frühere Ereignisse

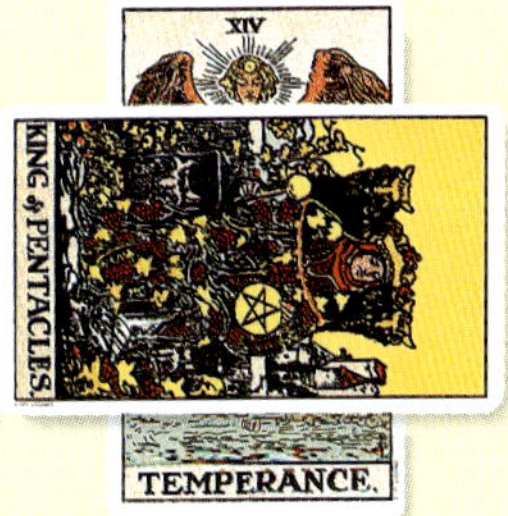

Hindernisse/Gegenwart

Zukünftige Ereignisse

Einfluß der Außenwelt

Frühere Einflüsse

Der Einfluß des Fragenden

REGISTER

RECHTSNACHWEIS

Illustrationen
Anna Benjamin

Fotografie
Steve Gorton, Sarah Ashun,
Britisches Museum.

Editorial assistance Martha Swift,
Picture research assistance Ingrid Nilsson,
DTP design assistance Daniel McCarthy.

Der Verlag dankt für die
freundliche Genehmigung zum Abdruck:

R. Armin: *The Original Tarot of Frown Strong* (1991); **Bear & Co.**, P.O. Box 2860, Santa Fe, NM 87504: *Inner Child Cards*, by Mark Lerner and Isha Lerner, illustrations by Christoper Guilfoil, Copyright 1992; **Nicolaas C. J. van Beek**, Amstelveenseweg 1090, 1081 JV Amsterdam, Netherlands: *Kashmir Tarot* (1984); **Editions Dusserre**, 4 Rue Nansouty, 75014 Paris, France: *Épitre aux Dames*; **Fireside**, Simon & Schuster Inc., Simon & Schuster Building, Rockefeller Center, 1230 Avenue of the Americas, New York, NY 10020, USA: *Mythic Tarot Deck* (Tricia Newell 1986); **Il Meneghello di Osvaldo Menegazzi**, Via Fara 15, Milan, Italy: *Le Conchiglie Divinatore, Le Mani Divinatore, Sardinia Tarot*; **Medea Advertising & Information Agency**, 143200 Y. Mozhaysk, Ul. Strelkovaya, D. 26, Russia: *Russian Tarot*; **Naipes Heraclio Fournier**, P.O. Box 94, Vitoria, Spain: *El Gran Tarot Esoterico, Le Tarot de Marseille, Spanish Tarot*; **Cynthia Parzych Publishing Inc.**, 648 Broadway, New York, NY 10012 USA: *Elemental Tarot*; **Piatnik**, Hutteldorse Strasse, Vienna, Austria: *Le Jeu du Destin Antique, Celtic Tarot, Tarot de Marseille*; **Rider**, Random House UK Ltd, 20 Vauxhall Bridge Road, London SW1V 2SA: *The Original Rider-Waite Tarot Deck*; **U.S. Games Systems, Inc.**, Stamford, CT 06902 USA: *Haindl Tarot Deck* © 1990 by U.S. Games Systems, Inc., *Medieval Scapini Tarot Deck* © 1985 by U.S. Games Systems, Inc., *Morgan-Greer Tarot Deck* © 1979 by U.S. Games Systems, Inc., *Motherpeace Round Tarot* © 1981, 1983 by Motherpeace, Inc., *Pierpont Morgan-Bergamo Viscont-Sforza Tarocchi Deck* © 1975, 1984 by U.S. Games Systems Inc., *Rider-Waite™ Tarot Deck* © 1971 by U.S. Games Systems, Inc., *Swiss IJJ Tarot Cards* © 1974 by U.S. Games Systems Inc., *Tarot of the Witches* © 1974 by U.S. Games Systems, Inc., *Ukiyoe Tarot Deck* © 1982 by Stuart R. Kaplan, *Wonderland Tarot Deck* © 1989 by U.S. Games Systems, Inc.